Steff, d.i. Stefanie Rölz, wurde 1977 in Amberg geboren und lebt noch heute dort. Zusammen mit Tobias Hiltl gründete sie 1996 die Firma sheepworld AG, die sich ganz ihren Lieblingstieren, den Schafen, verschrieben hat. „Den Menschen ein Lächeln auf die Lippen und ein wenig Schaf in die Herzen zaubern" ist ihr erklärtes Ziel.

© 2007 sheepworld AG, Steff,
Am Schafhügel 1
92289 Ursensollen

Printed in Europe
ISBN 3937-46032-2

Alle Rechte vorbehalten

Mehr zu Steff und ihren Schafen unter www.sheepworld.de

1. Auflage 2007

Ich hab Dich lieb!

Eine kleine Liebeserklärung

sheepworld

Ich hab Dich lieb,
früh am Morgen
mit Wuschelhaaren
ganz zerknautscht.

Ich hab Dich lieb,
wenn Du unter der Dusche
Deine Lieblingslieder trällerst

Ich hab Dich lieb,
wenn Du kleine Schnecken
vor dem Trampeltod rettest

Ich hab Dich lieb,
wenn Du kleine Schnecken
vor dem Trampeltod rettest

Ich hab Dich lieb,
auch wenn Du
meinen Lieblingspulli
zu heiß gewaschen hast.

Ich hab Dich lieb,
wenn die Waage
ganz gemein zu Dir ist.

Ich hab Dich lieb,
wenn Du die Küche verwüstest
für eine Tasse Pfefferminztee..

Ich hab Dich lieb,
wenn Du in meinem Arm
einschläfst und dabei
leise ratzelst.

(und dann mein Arm einschläft...)

Ich hab Dich lieb!
Ganz einfach.
Ganz viel.
Für immer!